JN371202

엮음 마음꽃을 피우는 사람들
어린이 월간 잡지 〈마음꽃〉을 만드는 사람들의 모임이며 학부모, 초등학교 교사, 그림 작가, 어린이 담당 스님 등 여러 사람이 모여 매달 잡지를 만들고 있습니다. 이 책의 이야기는 〈마음꽃〉의 '아무나 쓰는 이야기' 어린이 편에 실린 것으로, 57명의 어린이가 직접 쓴 글입니다.

그림 박희진
뒤늦게 그림책에 빠져 프랑스에서 미술 공부를 했고, 그 덕분에 시각 언어와 함께 더디게 사는 법을 배웠습니다. 걷는 것을 무척 좋아하고, 이때 만나는 사소하고 멋진 것들로부터 영감을 얻어 그림을 그리고 있습니다. 2012년부터 어린이 월간 잡지 〈마음꽃〉에 글과 그림을 연재하고 있습니다.

차례

1장 아빠의 다크서클
강낭콩 10
그냥 해 12
아빠의 다크서클 14
변신 16
치킨 시계 18
사과하는 마음 20
청개구리 22
엄마 24
내 동생 26
다른 사람 28
언니야, 미안 30
연날리기 32
마음이 씩씩했으면 34
희망사항 36
이제 다 전한 마음 38
웃음 주름 40
아빠와 나 42
꽃바구니 44
동생들 돌볼 때 46
기 싸움 48
나의 고민 50
아빠의 선물 52

2장 초등학생은 너무 바빠
맨 앞자리 56
이불 때문에 58
짜장면 60
초등학생은 너무 바빠 62
액괴는 즐거워 64
키운 정 66
고마운 선생님께 68
파마머리 70
어느 날 아침 72
마녀 사건 74
이상한 시계 76
크리스마스트리 78
무엇을 살까? 80

3장 좋아하는 마음
친구와 쓴 우산 84
언젠가는 활짝 86
좋아하는 마음 88
쟤는 싫고 쟤는 좋아 90
어른이 되어서 92

친구야, 안녕 94
발목이 아프지 않으려면 96
어떤 언니 98
모래알 100
화해하자 친구야! 102

4장 떨지 말고 당당하게!
I Love Me 106
언제나 너를 믿어 108
마음의 전쟁 110
공부와 행복 112
잠금 해제 114
클레이 마음 116
다짐 118
왕자와 공주 120
넓은 바다 122
아, 어쩌지? 124
떨지 말고 당당하게! 126
약속 128

엮은이의 말 130

1장
아빠의 다크서클

강낭콩

장재준

내가 기르는 강낭콩이 자꾸 말라 갔어.

엄마가 강낭콩한테
물도 주고
잘 자라라고
말해 주라고 했어.

강낭콩아,
건강하게 잘 자라 줘.

그냥 해 — 강다영

모든 게 다 귀찮다.
학교 숙제, 학원 숙제…….
엄마한테 말하니까
원래 다 그런 거라고
그냥 하란다.
엄마가 내 말뜻을 알았으면
좋겠다.

아빠의 다크서클

김의림

아빠가 요즘 많이 힘들어 보인다.
서류가 두 배, 세 배로 늘어나니
다크서클이 얼굴 하나를
가득 채운 것 같다.
아빠가 힘드니까
내가 더 열심히
도와드려야겠다.

아빠가 너무 힘들지 않았으면 좋겠다.

변신

정해랑

우리 엄마는 정말 예쁜데
가끔 헐크로 변한다.
내가 늦잠을 자거나 편식을 하면
작은 헐크가 되고
동생이랑 싸우면 큰 헐크가 된다.

그러면 나랑 동생은
얌전히 싸움을 멈추고 조용히 한다.
헐크는 무섭다.

치킨 시계

나는 잠이 정말 많다.

엄마가 아무리 깨워도 일어날 수가 없다.

어쩔 수 없다.

그런데 어디선가 들려오는 소리.
"아빠랑 치킨 먹을 사람?"
갑자기 눈이 번쩍 떠지고 몸이 일으켜진다.
"저요!"
나도 내가 신기하다.

사과하는 마음   이세은

동생이랑 싸웠다.
혼자 노니까 심심했다.
갑자기 사과하고 싶은 마음이 들었다.
왜 그럴까?

사과하러 나오니 동생도 나와 있었다.
블록 쌓기를 같이 하면서 웃으니
싸운 마음도 웃음소리에 묻혀 사라졌다.

청개구리

최효섭

엄마가 숙제 끝내고 놀러 가라고 했다.
그런데 나는 놀고 와서 숙제를 한다고 했다.
그랬더니 엄마가 화를 내셨다.
"넌 도대체 누굴 닮아서 그렇게 청개구리냐!"

내가 청개구리면……,
엄마도 엄마 청개구리지!
그럼 엄마는 누굴 닮으셨나요?

엄마

최현동

우리 엄마는 뚱뚱하다.
내가 뚱뚱하다고 놀리면
엄마는 자기가
뭐가 뚱뚱하냐며 웃는다.
그래도 엄마가 나를 꽉 안아 주면
이불처럼 따뜻하다.
나는 엄마가 좋다.

내 동생

송슬기

동생이 내가 만든 것을
망가뜨려서
오늘 아침에
동생과 싸웠다.

때리고 꼬집고 화도 엄청 냈다.
그런데 엄마한테 나만 혼났다.
나는 누나니까
참아야 한다고…….

나는 '동생이 없었으면'
하는 생각을 했다.
동생 잘못은 항상
내 잘못이 된다.

그런데 조금 이따가
'다시 만들면 되는데…….'
라는 생각이 들었다.
앞으로는 동생이 잘못하면
'내가 뭘 해 줄 수 있지?'
라고 긍정적인 생각을 해야겠다.

다른 사람

김가은

오늘은 언니들과 텔레비전을 보았다.
난 너무 우스워서 깔깔대며
배꼽을 잡고 웃었는데,
큰 언니는 웃지 않았다.

역시 사람은 다 다른가 보다.

언니야, 미안

황서영

요즘 언니와 자주 싸운다.
나는 내가 잘못하고도
사과를 안 할 때가 많다.

그럴 때 마음을 차분하게 하면

사과를 하게 된다.

화가 나는 일이 있어도 마음을 차분하게 해야겠다.

사실은 언니와 잘 지내고 싶다.

연날리기   송우석

형이 연날리러 가자고 했다.
추워서 싫다고 했더니
호떡을 사 준다고 했다.
밖으로 나가니까
바람이 쌩~ 너무 추웠다.
형을 째려보니 금방 연날리고
호떡을 먹자고 했다.

바람이 점점 세지니까
우리 연이 바람을 타고
높이 높이 날아간다.

내 마음도 하늘 위로 날아간다.
호떡 생각도 어느새
날아가 버렸다.

마음이 씩씩했으면

허소희

나는 울보다.
어제는 다친 아빠를 도우려다 그만
아픈 곳을 건드리게 되었다.
아빠가 아파하는 모습을 보고
난 그만 울어 버렸다.
나는 왜 자꾸 눈물이 날까?
'내 마음이 좀 더 씩씩했으면 좋겠다.'

희망사항

내 새 책상이 왔다.
기분이 정말 좋았다.

처음이라서 가구 냄새가 났지만
꽃을 놓았더니 금방 괜찮아졌다.
언니는 의자만 바꿨는데 샘도 안 냈다.
언니는 언니인가 보다.
나도 언니처럼 샘나는 마음이 없으면 좋겠다.

이제 다 전한 마음 *이라리*

나는 지난번에 선생님이 주신 엽서로

오빠에게 마음을 전했다.

글씨도 이쁘게 쓰고 이쁘게 꾸며서

오빠에게 줬다.

오빠가 오랜만에 나를 보며

씨익 웃더니 고맙다고 했다.

한 사 년 전에 오빠의 미소가
굳은 줄 알았는데 오랜만에 본 오빠의
무뚝뚝한 미소와 목소리에 더 감동했다!
나도 오빠한테 잘할 테니
오빠도 내 마음을 알아줬으면 좋겠다!

웃음 주름

김일여

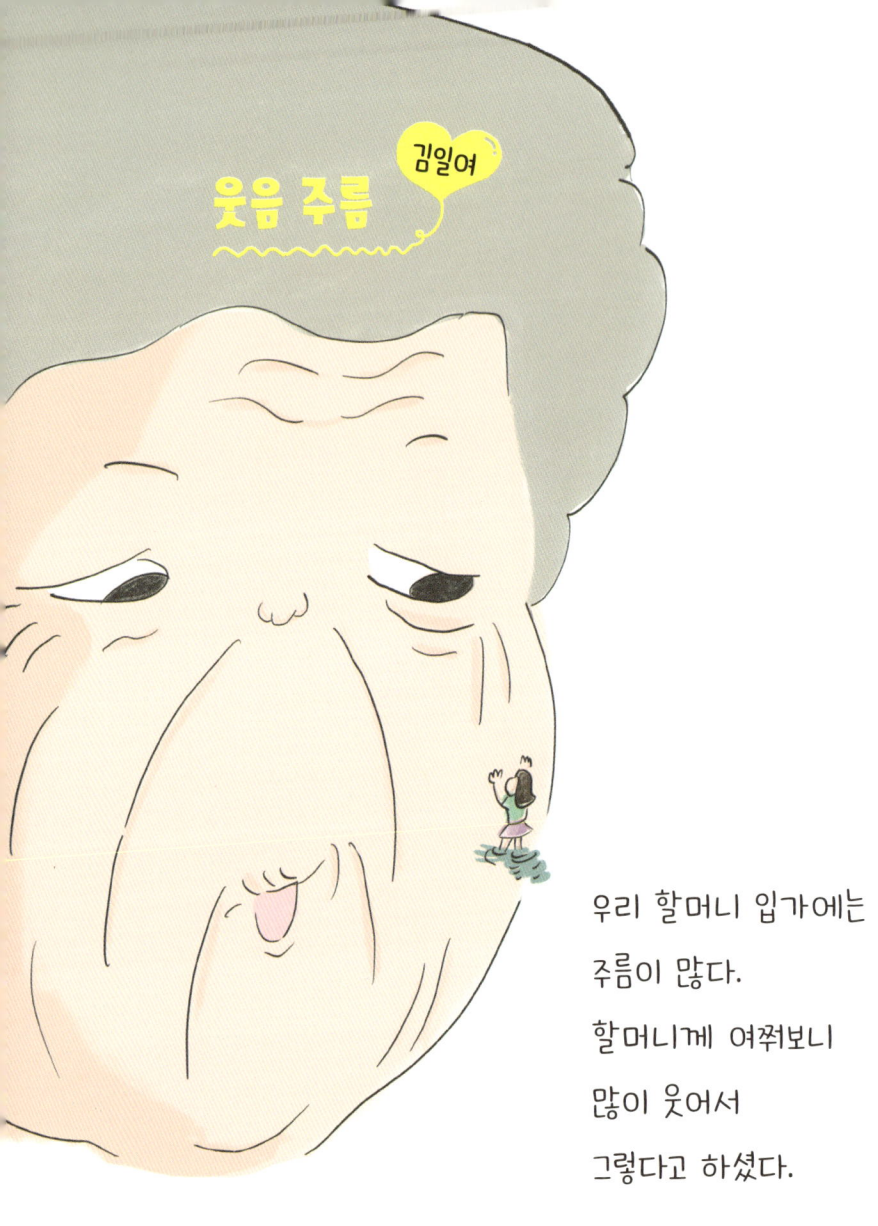

우리 할머니 입가에는
주름이 많다.
할머니께 여쭤보니
많이 웃어서
그렇다고 하셨다.

주름이 많더라도
할머니처럼 잘 웃는
사람이 되고 싶다.

아빠와 나 최성훈

어렸을 때
아빠가 월요일마다
"아이고, 몸이 무겁다."
라고 하셨다.

그때는 무슨 소린지 잘 몰랐다.
근데 요즘엔 내가 그런다.
주말에는 눈꺼풀이 가벼운데
학교 가는 날은 눈꺼풀이 무척 무겁다.

꽃바구니

김주영

어버이날을 맞이해서
할아버지 할머니께 드릴 꽃바구니를
사려고 동생과 돈을 모았다.
분홍색 카네이션이 정말로 예뻤다.
그런데 꽃집에서 집으로 올 때
서로 꽃바구니를 들겠다고 티격태격 싸웠다.

지금 생각하니 좀 부끄럽다.
예쁜 꽃 들고 예쁜 마음으로 올걸…….

동생들 돌볼 때 장지설

한 명을 보면

다른 두 명이 사고 치고

두 명을 보면

다른 한 명이 사고 친다.

어휴,
엄마는 우리를 어떻게 돌보지?

기 싸움

이유정

나는 십삼 년 인생 동안
엄마와 아빠, 특히 오빠와
하루에 평균 두 번 싸운 것 같다.
원인 제공은 내가 다 해놓고
나 혼자 불같이 화를 내니까
가족들이 얼마나 기가 막히고
어이가 없었을까.
오늘도 아침부터 엄마와
기 싸움을 하고 나와서 기분이 나쁘다.
기분이 나빠지면서도 싸우는 건 바보 같은 행동인데,

다음부턴 참아 봐야지.
그렇게 할 수 있을 거야!

나의 고민

또 누나랑 싸웠다.
그렇게 애써서 일요일은 안 싸웠는데,
또 싸우다니…….
우리는 전생에 원수였나?
어쩌면 이렇게 싸울까?

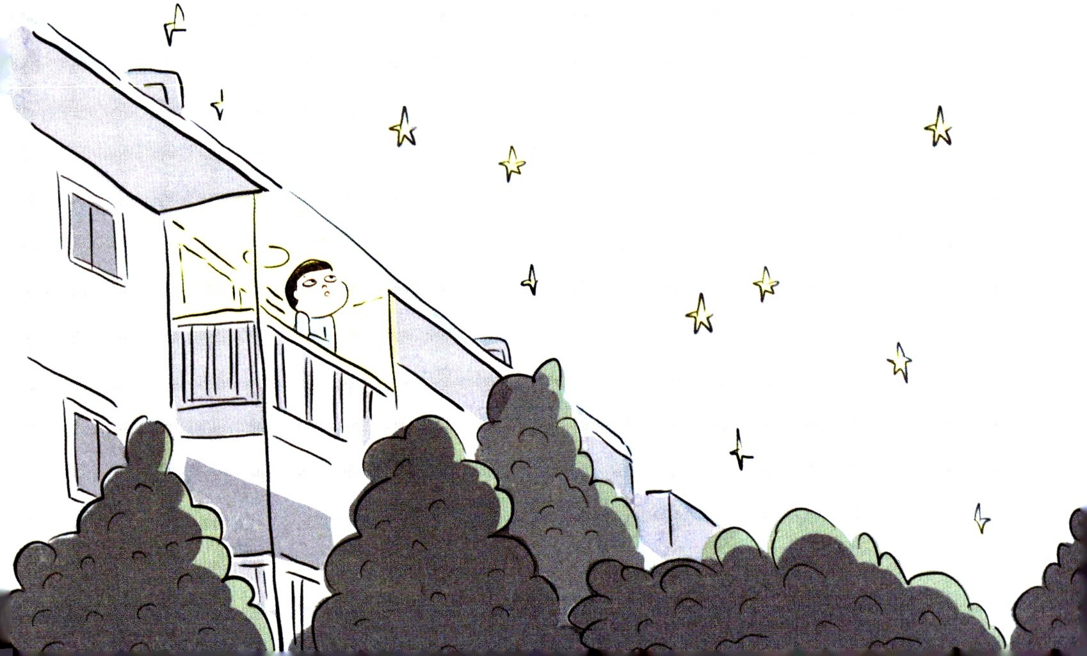

정말 창피하다.
딱 한 달만이라도 안 싸우려면
어떻게 해야 할까?
정말 고민이다.

아빠의 선물

연희수

아빠가 회사 일로 지방에 다녀오시면서
내 선물을 사 오셨다.
아직 잠에서 덜 깨서 무엇인지 몰랐는데,
자세히 보니 거울이었다.
"거울로 얼굴을 보는 것처럼
희수 마음도 잘 들여다보렴."
이라고 하셨다.
거울이 그런 깊은 뜻을 가진 선물인 줄 몰랐다.

2장

초등학생은 너무 바빠

맨 앞자리 박해원

자리를 바꿨다.
처음으로 맨 앞이다.

선생님이랑 너무 가깝잖아!!!

이불 때문에

김태은

아침에 일어나려고 하면
이불이 날 꽁꽁 묶어서
일어나지 못하게 한다.

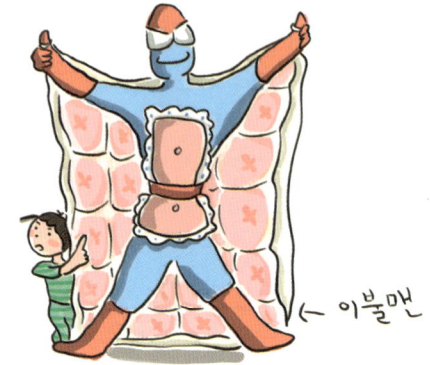

← 이불맨

엄마가 일어나라고 하면
"이불 때문에……."
라고 말한다.

지각해서 혼나도
"이불 때문에……."
라고 해도 될까?

짜장면

윤서하

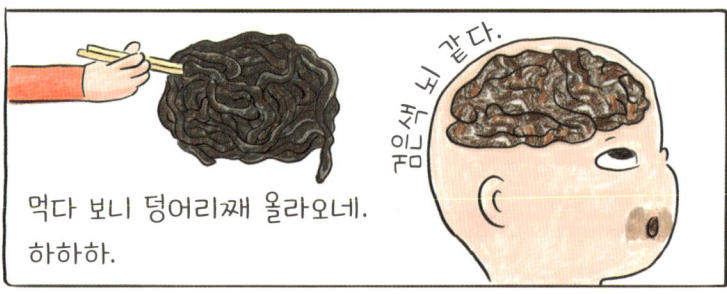

맛있는 역할을 하지.

쩝쩝쩝!

초등학생은 너무 바빠

이한가온

일주일 동안 너무 바빴다.

놀랴,

학교 숙제하랴,

책 읽으랴,

밤마다 너무 힘들었다.
"가온아, 일주일 동안 고생 많았어."

액괴는 즐거워

이나현

나는 액괴 만들기가 너무 좋다.
특히 완성될 즈음 뭉쳐지는 부분!
그 느낌이 너무 좋고 흐뭇하다.
근데 엄마는 액괴를 만들 때마다
헐크가 된다.

하긴……, 다 만들고 나서 방을 보면
소름 끼치긴 한다.
그래서 나는 항상 이렇게 생각한다.
'우리가 액괴를 만들 때
엄마도 같이 재미있게 하고,
즐거운 마음으로 치우면 좋겠어!'

키운 정

박효린

몇 주 동안 학교에서
녹두를 키웠는데
녹두 씨를 가져왔던
친구가 녹두를 가져가 버렸어.

키우기는 내가 다 키웠는데 말이야.
녹두가 내 진정한 가족이었던가……!
왜 이렇게 슬프지……?

고마운 선생님께 김정하

2월 17일은 졸업식 겸 봄 방학이었다. 우리는 선생님을 놀라게 해 드리려고 깜짝 이벤트를 준비했다.

풍선과 색종이 고리를 매달고, 감사장과 메달을 준비했다.

또 케이크와 꽃도 샀다.

전날 밤에는 실수 없이 이벤트를
할 수 있게 해 달라고 바랐다.
이벤트는 대성공!
선생님 눈에 눈물이 맺혔다.

파마머리

엊그저께 내가 파마를 했어!
그러고 나서 어제 농구하러 갔는데
형들이 내 머리가 이상하다고 놀렸어.

그때 들은 척하지 말지 왜 울었을까…….
다음부터는 못 들은 척해야지.

어느 날 아침

김수림

최악의 아침이었다.
일어나자마자 책을 읽고 독서록을 쓰랬다.
그리고 또 문제집을 풀랬다.
공부를 안 하면 똑똑해질 수 없다면서
지겹게 공부를 시켰다.

어른들은 어렸을 때 공부 안 하고
놀기만 했다는데,
그래서 지금 우리가 받는
스트레스를 모르나 보다!

마녀 사건   김주윤

1학년 때였다.
하루는 자려고 누웠는데 불빛이 작은 마녀로 보였다.
내가 무섭다고 생각하니
그 마녀는 사나운 얼굴을 했다.

그다음엔
'아니야, 안 무서워!'
하니 마녀가 웃음을 지었다.
몇 번을 되풀이했더니 무서움이 사라졌다.
마녀도
'날 무서워하지 마.'
하는 것 같았다.
모든 건 생각하는 대로 보인다는 것을
깨우쳐 준 사건이었다.

이상한 시계

정강현

놀 때는
똑딱똑딱
빨리 가는 시계가

숙제할 때는
또옥-따악 또옥-따악
늦게 간다.
만날 그런다.
시계는 정말 이상해.

크리스마스트리 *성진우*

기다리던 트리가 배달되었다.
아빠와 나는 트리를 조립하고
반짝반짝 불도 달아 주었다.
그런데 아빠가 갑자기
"잠깐만 빌리자!"
라고 하더니 복실이의 목방울을 떼서
트리에 달았다.
나도 구슬이랑 리본 같은 걸 찾아서 달았더니
알록달록, 반짝반짝!
크리스마스트리가 예뻐졌다.

복실이도 트리 앞을
어슬렁어슬렁하는 것을 보니
트리가 마음에 드나 보다.
모두모두
메리 크리스마스!

무엇을 살까? 양지윤

아!
살 게 너무 많은데
무엇을 사지?

욕심부리지 말고 진짜 사고 싶고
꼭 필요한 것만 사자.
아! 금붕어는 집에도 없고 귀여우니 사야겠다.
나는 역시 똑똑하다.

3장
좋아하는 마음

친구와 쓴 우산   이소림

유치원에서 친구랑 싸웠다.

유치원을 마치고 나오는데 비가 왔다.

난 우산이 있는데 친구는 없었다.

친구와 우산을 같이 썼다.

우리 싸움은 비와 함께 떠내려갔다.

언젠가는 활짝

김수현

나와 가장 친한 친구가 나에게 마음을
열어 주지 않는다.

나는 마음을 활짝 열어 주었는데······.

그래서 나도 마음이 좀 속상했다.

하지만 다시 생각해 보니
사람마다 성격이 다르듯
마음 열어 주는 시기도 다른 것 같다.
언젠가는 나에게 마음을
활짝 열어 주겠지?

좋아하는 마음

박정윤

좋아하는 애가 있다.
어느 날 그 애가 말하길,

난 네가 싫어!

좋아하던 마음이
반은 사라져 버렸다.
흠……．
사실은 별로
안 좋아했던 걸까?

쟤는 싫고 쟤는 좋아

나는 지금까지 친구를 차별했다.
'못생겼으니까, 예쁘게 생겼으니까
쟤는 싫고 쟤는 좋아!'
이런 식으로 친구를 구분했다.

하지만 그렇게 하면 그 친구도
나를 싫어하게 된다는 것을 알았다.
겉으로 먼저 판단하지 않는 사람이 되어야겠다.

어른이 되어서 _{변현아}

나는 어른이 되어서 무엇을 할지 친구와 고민했다.
우리는 같이 살면서 미용실을 하기로 했다.

그림으로 집과 미용실의 구도도 잡아 놓았다.
그런데 어른이 되어서
우리가 다시 만날 수 있을까?

친구야, 안녕

늘 같이 다니며 이야기도 많이 나누지만,
자주 싸우기도 하는 친구가 있다.
어제 같이 놀고 있는데 친구가
이사 간다고 이야기를 꺼냈다.
친구가 이사 간다고 하니 기분이 좋지 않았다.
그래서 친구에게 화가 나기도 했는데
그런 생각은 안 좋은 것 같다.
물이 흘러가듯이 그냥 잘 살라고
마음속으로 빌어 줘야 할 것 같다.
'친구야, 거기 가서도 잘 지냈으면 좋겠어.'

발목이 아프지 않으려면

문호영

오늘 4인 5각 달리기를 했다.
끈으로 친구들과 나의 발을
하나로 묶고 달렸는데,
마음이 잘 맞지 않아 발목이 아팠다.
그래도 사탕을 받아서 즐거웠다.
다음번엔 마음이 착착 맞아서
더 재미있게 했으면 좋겠다.

어떤 언니

금요일에는
금요 영어반에 가는데
거기에 어떤 언니가 있어.

그 언니는 약간 쌀쌀맞아서
내가 그 언니의 마음을 조금이라도
따뜻하게 해주고 싶어.
그러면 내 마음도 같이 좋아질 테고
그 언니도 좋아하겠지?

모래알

내 친구는 모래알 같아.
딱딱하고 뾰족해서
다른 사람과 뭉쳐지지 않고
자꾸만 흩어지는 모래알 같아.

하지만 그런 모래알도 언젠간 부드럽고
잘 뭉칠 수 있는 고운 흙이 될 수 있겠지?

화해하자 친구야! 이소의

친구와 꽝 하고 부딪쳤다.
어디 다친 곳은 없었지만,
바지의 무릎이 찢어졌다.
그래서 서로 네 탓이라며 다투었다.
저녁에 엄마가 찢어진 곳을 꿰매 주셨다.

친구와 나 사이도 꿰매지면 좋겠다.

하지만 내가 말랐다면?

뼈다귀라고 놀림 받고
왕따를 당할 수도 있다.
지금의 내가 최고다!

언제나 너를 믿어 김문수

난 널 믿어, 언제나~

오늘 말의 힘에 대해서 배웠다.
박지성 선수 이야기가 나왔다.
히딩크 감독의 말 한마디가 지금의
박지성 선수를 만든 것이라니 놀라웠다.
나도 앞으로 모든 말을 긍정적으로 해야겠다.

마음의 전쟁

박승현

내 마음은 전쟁을
하고 있다.
좋은 마음과 안 좋은
마음이 서로 싸운다.

좋은 마음이 이기면
남들이 힘들거나 다쳤을 때
저절로 도와주게
되지만,

안 좋은 마음이 이기면
심술이 나서
남을 때리고
괴롭혀 주고 싶다.

요즘 만날 좋은 마음이 진다.
"좋은 마음의 힘이 더 세졌으면 좋겠어."

공부와 행복 한경석

나는 정말 공부를
왜 해야 하는지 모르겠다.
엄마는 공부해야
잘 살 수 있다고 하신다.

그런데 할머니 말씀으로는
엄마도 어릴 때 공부를 잘 못했다고 한다.
"엄마는 행복하게 잘 살고
있는 것 같은데 아닌 걸까?"

잠금 해제

스마트폰은 손으로 밀어서

잠금 해제를 해야 사용할 수 있다.

사람의 마음을 이렇게

잠금 해제하면 무엇이 보일까?

친구들의 속마음을 잘 이해해 주는 사람이 되고 싶다.

클레이 마음   신승현

오늘 클레이로 사자를 만들었어.
조물조물 말랑말랑 느낌이 아주 좋았어.
클레이는 마치 우리 마음처럼
조금만 건드려도 변형이 돼.
그렇지만 굳으면 쉽게 모양이 변하지 않아.

"마음이 단단해져서 나쁜 일들이
내 마음을 건드려도 움직이지 않게 해야겠어!"

다짐 — 하성현

첫째,
3학년답게
행동할 것이다.

둘째,
모르는 게 있으면
부끄러워하지 않고
당당하게 물어볼 것이다.

셋째,
형들한테
대들지 않을 것이다.
우리 형은 빼고.

넷째,
친구들과
잘 어울릴 것이다.

왕자와 공주   황혜리

유치원 졸업 발표회에서 연극을 했는데
왕자 옷이 엄청 멋있었어.
난 왕자를 하고 싶었는데
여자는 공주를 하는 거래…….

그래서 난 공주도 안 했어.
다음엔 꼭 왕자를 할 거야.

넓은 바다

정혜지

오늘 선생님께서 바다는 퍼내도 퍼내도
줄어들지 않는다고 하셨다.
그리고 무엇이든 다 품고
살릴 수 있다고 하셨다.
내 마음이 그렇다!
공부하기 싫은 마음은
퍼내도 줄진 않고 늘어만 간다.
바다는 엄청 넓다고 하니까

공부하고 싶은 마음도 어딘가 있겠지?
흠, 한번 찾아봐야겠다.

아, 어쩌지?

임형환

곧 시험이어서 공부를 해야 하는데
잘 안 된다.
나는 열심히 하고 싶지만
자꾸 게임 하고 싶고 다른 생각이 든다.
어느 게 진짜 내 생각일까?
정말 헷갈린다.

떨지 말고 당당하게!

고유빈

입학식 때 전교생 앞에서 노래를 부르기로 했다.
나와 상의하지 않고 마음대로 한 엄마가
갑자기 싫어졌다.
억지로 부르려니까 더 안 되는 것 같다.

"그렇지만 기왕 부를 거 떨지 말고
당당하게 불렀으면 좋겠다!"

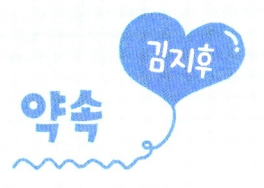

약속

김지후

나도 엄마 말씀을 잘 듣는
착한 아이가 되고 싶다.
엄마가 "공부해라! 공부해라!"
대신에 "놀아라! 놀아라!"라고 하면

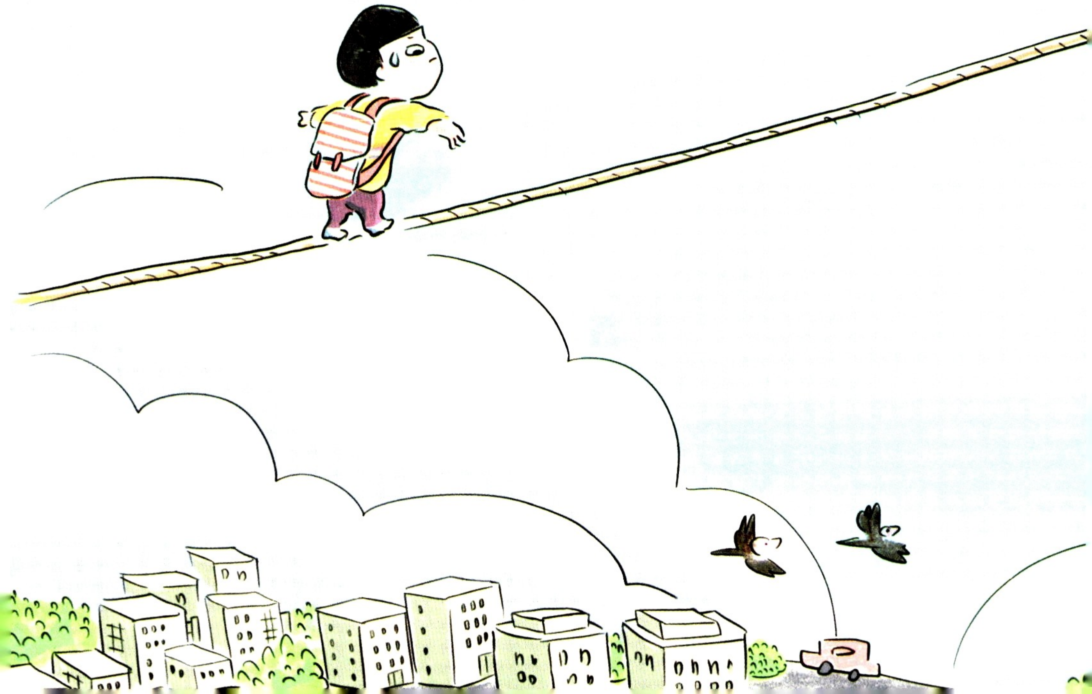

엮은이의 말

어른 속의 아이도 참 좋아한답니다

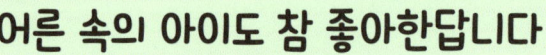

　《진짜 어린이 마음 사전》은 어린이 잡지 〈마음꽃〉의 '아무나 쓰는 이야기' 어린이 편을 엮은 책입니다. 〈마음꽃〉은 한마음선원에서 만드는 월간지입니다. 절에서 만든 책이지만, 부처님을 믿으라는 이야기도, 절에 다니라는 이야기도 나오지 않습니다. 그저 우리 아이들이 학교생활을 조금 더 즐겁게 하고, 친구들과 더 잘 지내고, 약한 동물을 만나면 편들어 줄 수 있으면 좋겠다고 생각하면서 아이들에게 어떤 말을 해 주면 좋을지 고민하던 중에 나오게 되었습니다.

　어른들도 하기 어려운 일에 너무 많은 욕심을 부리는 걸까요? 그럴지도 모르겠습니다. 예전에 스님 몇이 식당에 갔는데, 한 아이가 졸졸 따라오면서 이것저것 묻더랍니다. 그래서 스님이 그 아이에게 "어린이 잡지가 있는데 한번 볼래?"라고 물으니 적극적으로 보겠다고 했대요. 그래서 주소 좀 적어 달라고 하니 그건 개인 정보라서 안 되겠다고 하더래요. '넘치는' 아이의 호기심과 '적절한' 어른의 조심성을 함께 지녀야 하는 요즘 아이들의 이야기 속에 우리의 미래가 보이기도 해서, 욕심이든 어떻든 좋은 사람들이 모여 기쁘고 즐겁게 잡지를 만들고 있습니다.

  만드는 사람들은 아이들 부모님, 학교와 어린이집 교사, 그림 작가, 회사원, 어린이 담당 스님 등입니다. 아이들이 보내 준 엽서 내용을 모아서 싣기도 하지만, 이야기 대부분은 아이들이나 부모님께서 들은 실제 이야기를 바탕으로 구성하고 함께 고민도 나누고 있습니다.

  아이들에게 부모님의 도움은 매우 중요합니다. 하지만 결국은 아이 스스로 튼튼해져야 합니다. 부모님이 아이를 계속 따라다닐 수는 없으니까요. 《진짜 어린이 마음 사전》은 아이들이 보내온 마음 이야기입니다. 이 책에 나오는 아이들이 지금은 고등학생이 되기도 했지만, 영원한 아이들의 마음을 어른들도 느껴볼 수 있기에 어른 속의 아이도 참 좋아한답니다.

  이 이야기를 책으로 만들어 주신 김영사 관계자분들의 마음에, 오랫동안 예쁜 그림을 그려주신 박희진 작가님의 정성에 진심으로 감사드립니다.

2021년 4월,
마음꽃을 피우는 사람들

진짜 어린이 마음 사전

1판 1쇄 발행 | 2021. 4. 26.
1판 2쇄 발행 | 2021. 7. 27.

마음꽃을 피우는 사람들 엮음 | 박희진 그림

발행처 김영사 | **발행인** 고세규
편집 정수연 | **디자인** 고윤이 | **마케팅** 서영호 | **홍보** 박은경
등록번호 제 406-2003-036호 | **등록일자** 1979. 5. 17.
주소 경기도 파주시 문발로 197(우10881)
전화 마케팅부 031-955-3100 | **편집부** 031-955-3113~20 | **팩스** 031-955-3111

이 책의 저작권은 저자에게 있습니다. 저자와 출판사의 허락 없이
내용의 일부를 인용하거나 발췌하는 것을 금합니다.

값은 표지에 있습니다.
ISBN 978-89-349-8940-0 73810

좋은 독자가 좋은 책을 만듭니다. 김영사는 독자 여러분의 의견에 항상 귀 기울이고 있습니다.
전자우편 book@gimmyoung.com | 홈페이지 www.gimmyoungjr.com

어린이제품 안전특별법에 의한 표시사항

제품명 도서 제조년월일 2021년 7월 27일 제조사명 김영사 주소 10881 경기도 파주시 문발로 197
전화번호 031-955-3100 제조국명 대한민국 ⚠주의 책 모서리에 찍히거나 책장에 베이지 않게 조심하세요.